LA LIBERTÉ

DE LA PRESSE ET DES JOURNAUX,

SANS RESTRICTION,

SEULE GARANTIE DE TOUTES LES LIBERTÉS.

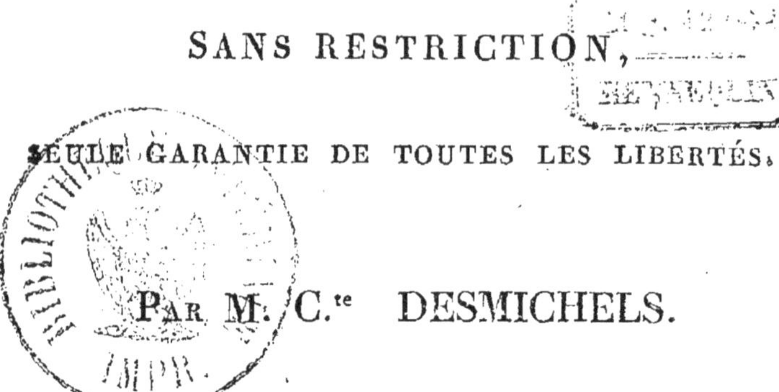

PAR M. C.te DESMICHELS.

Intercessor rei malæ salutaris civis esto.
QUI AGENT... rem populum docento, doceri
à magistratibus PRIVATISQUE patiunto.
Loi des XII Tables; CICERON, *de leg.*, liv. 3.

A PARIS,

Chez DELAUNAY et DENTU, Libraires au Palais-Royal.
Et au Cabinet Littéraire de P. MONGIE aîné, Boulevard
Poissonnière, n.° 18.

1817.

DE LA LIBERTÉ DE LA PRESSE.

RÉFLEXIONS GÉNÉRALES.

LORSQU'APRÈS une longue suite de révolutions, l'esprit d'un peuple n'offre plus qu'une lutte d'opinions et d'intérêts opposés, celui qui, en écrivant pour le public, se montre étranger à tous les partis, doit s'attendre à n'être point lu ou à l'être avec indifférence. Je me soumets à cette alternative. Toutefois, en défendant ce qui me paraît vrai, juste et utile, j'obtiendrai peut-être le suffrage de ceux qui aiment sincèrement la patrie et la liberté. Je n'en demande pas d'autres.

J'aime la charte, et je ne puis voir sans douleur que la France ne recueille pas encore le fruit de la haute sagesse qui l'a dictée. Après tant d'essais infructueux pour conquérir la liberté, nous étions retombés dans une dure mais glorieuse servitude. LOUIS parut au milieu de nous et nous présenta cette charte, gage de paix et de réconciliation. Il nous apporta la liberté, et nous n'en jouissons pas encore ! Serait-il donc vrai qu'elle n'est qu'un nom sans réalité ? N'a-t-elle existé que dans les républiques imaginaires ? Devons-nous y renoncer pour toujours ? Et dans le découragement où nous a jetés une malheureuse expérience, faut-il nous hâter de faire un si pénible sacrifice ?

Non sans doute : ce serait donner un démenti au Roi et à son plus bel ouvrage ; ce serait nier les vertus de la Grèce et de Rome, de cette noble antiquité qui mérite bien moins nos hommages par les chefs-d'œuvre qu'elle nous a transmis que par les grandes actions et les généreux dévoûmens qu'inspira, dans ses plus beaux jours, l'amour de la liberté si fécond en prodiges ; ce serait enfin calomnier l'auteur de la nature, qui, en mettant dans le cœur de l'homme le sentiment de sa dignité, n'a pas voulu qu'il eût le désir constant d'être libre et qu'il fût dans l'impuissance de le devenir.

Ces vérités ont été souvent répétées, mais plus souvent encore méprisées et rejetées avec un superbe dédain dans le domaine des théories impraticables. Hé bien ! ajoutons encore une voix à celles qui, depuis tant de siècles, demandent que la loi soit la reine de tous, du magistrat comme du citoyen, du puissant comme du faible. Si l'amour de la liberté est traité de rêverie (et ce ne serait pas la première fois), il est permis d'être rêveur avec tant de grands hommes de tous les siècles, qui, par leurs vertus ou leur génie, ont donné une si grande autorité à leurs noms. Si c'est rêver enfin que de songer à la liberté, c'est être plongé dans un sommeil bien profond que de ne penser jamais à elle.

On se lasse de tout, et de la vérité aussi bien que du reste. Tout vieillit et finit par déplaire. Aussi des sophistes adroits ont entrepris de rajeunir nos vieilles erreurs pour nous les faire embrasser. Ils ont voulu faire rétrograder la marche des siècles et séduire par l'attrait de nouveautés gothiques les esprits qu'ils ont crus lassés de quelques doctrines nouvelles, il est vrai, parmi nous, mais auxquelles on n'osera pas contester leur droit d'ainesse. En affectant l'amour de la liberté et en employant son langage, ils voudraient nous persuader qu'elle n'est qu'une chimère à laquelle il ne faut plus songer. Pour moi, je crois, sauf erreur, que la liberté peut exister dans toute sa plénitude. Si c'est-là une chimère, il m'en coûterait trop d'y renoncer ; je la garderai pour me consoler de nos tristes réalités. S'il faut enfin que la liberté nous échappe sans cesse, je volerai après cette belle fugitive,

Et inanem prosequar umbram.

Dans chaque période de l'histoire on rencontre une opinion dominante, un enthousiame public qui en forme le caractère. Ainsi la liberté, la religion, la chevalerie et la philosophie ont régné tour à tour en Europe. La philosophie a fait renaître parmi nous l'amour de la liberté qui fut d'abord une passion, ensuite un vertige, et qui est enfin devenu un besoin raisonné.

Aux jours de notre gloire et dans les égaremens de notre liberté, nous avons voulu forcer tous les peuples vaincus à être libres. Nous avons oublié qu'imposer la liberté aux nations en dépit d'elles, c'est les soumettre à une cruelle servitude. D'ailleurs la liberté française s'est montrée à nos voisins sous un aspect si terrible, qu'elle leur a fait bénir leur esclavage. Lorsque l'anarchie eut fait place au despotisme, la gloire nous fit oublier la liberté et nous devînmes les instrumens de la servitude universelle. Les Français furent maîtres par-tout excepté chez eux, et l'Europe ne put être libre dès-lors que la France fut esclave.

La balance politique de l'Europe n'est pas moins nécessaire à la liberté des nations qu'à leur indépendance. Aujourd'hui, qu'on paraît vouloir la rétablir, il nous semble que l'affranchissement des peuples pourra seul la maintenir long-temps. La liberté est donc un élément nécessaire à la reconstruction de l'édifice social. C'est donc sur elle qu'il faut établir nos institutions.

La charte en a posé les bases. Toutes doivent être en harmonie avec elle. Il faut qu'elles ne puissent subsister sans la charte et que la charte ne puisse subsister sans elles. C'est le seul moyen d'élever un monument inébranlable qui défie toutes les agitations politiques. Mais est-il facile d'obtenir cet heureux accord ?

Nous avons des institutions ; d'autres sont encore à créer. Parmi les premières, les unes doivent être changées, les autres modifiées. Cette réforme est difficile à opérer; mais qui n'en sent la nécessité? Que les lois, qui portent l'empreinte des temps malheureux qui les ont vu naître, viennent se purifier dans la charte; que celles qu'enfanta le despotisme déposent devant elle les entraves qu'elles apportaient à la liberté publique. Que toutes enfin se rattachent à la loi fondamentale; qu'elles en reçoivent leur force et leur sanction pour la consolider à leur tour.

La charte constitutionnelle nous garantit toutes les libertés. Il en est trois principales : la liberté individuelle, la liberté de conscience et la liberté de la presse. Nous n'examinons que la dernière qui seule assure toutes les autres, et sans laquelle toutes les autres sont illusoires.

Si un Roi disait à ses sujets : « Je veux vous laisser une sage liberté; vous n'obéirez qu'aux lois, mais je vous interdis toute plainte, toute représentation. » Les sujets seraient-ils bien rassurés? La parole royale toute sacrée qu'elle est leur paraîtrait-elle une garantie suffisante? Ce peuple, enfin se croirait-il libre?

Si ce même Roi ajoutait : « Les lois que ma sagesse vous donne, je veux qu'elles soient exécutées après moi, et que mes bienfaits s'étendent jusqu'à vos descendants. Je veux que mes successeurs respectent mon ouvrage; car je suis Roi avant eux. » Le peuple ne penserait-il pas cette fois qu'on se joue de lui et qu'on le berce d'espérances frivoles?

N'aimerait-il pas mieux un Roi qui lui dirait :

« C'est à moi seul qu'il appartient de régner, je veux que ma volonté soit votre unique loi et que tout plie devant elle; mais je vous permets de vous plaindre; je vous invite à me faire connaître vos besoins, et si jamais j'allais commettre une erreur ou une injustice, éclairez votre Roi, sauvez-le de la honte, et du repentir. » Certes, ou ce peuple serait bien aveuglé ou cette noble confiance d'un prince absolu obtiendrait son amour et sa reconnaissance.

En effet, le droit laissé aux citoyens de faire entendre leurs plaintes vaut presque à lui seul une bonne constitution. Dans un état qui n'en a pas, la liberté de la presse en tient lieu. Le Danemarck et la Prusse en sont des exemples. Au lieu qu'une constitution sans cette liberté n'est qu'un fantôme spécieux qui sert à amuser le peuple.

Le Roi dont la sagesse nous gouverne veut non-seulement que ses sujets n'obéissent qu'aux lois, mais qu'ils puissent en signaler l'abus, l'inutilité ou l'insuffisance. Or il n'y a qu'un moyen pour y parvenir : c'est de laisser à tous les citoyens la faculté de publier librement leurs pensées. C'est par là que se forme l'opinion publique et l'opinion est plus puissante que les Rois. Ils finissent toujours par composer avec elle.

La liberté de la presse est donc un élément nécessaire, indispensable à tout gouvernement constitutionnel. Cette liberté doit être pleine et entière, car il est impossible de bien poser les bornes où elle devrait s'arrêter, si on la soumettait à des restrictions qui la gêneraient plus ou moins, et sur-tout si on laissait trop de latitude à l'arbitraire des ministres. Il est de l'essence des bonnes lois de tracer avec une religieuse exactitude la route que doivent tenir ceux à qui l'exécution en est confiée; tout est perdu, si un ministre peut suppléer au silence de la loi ou la modifier à son gré par des interprétationt fallacieuses.

Le ministre a tant de moyens pour diriger la marche de l'opinion publique, qu'il ne faut pas lui laisser le pouvoir de l'arrêter : on sait que comprimer l'opinion, c'est la préparer à éclater avec plus de violence. C'est alors qu'il faut donner par force ce qu'on a refusé de donner de bonne grâce: rien ne décrédite davantage l'autorité. C'est une vérité triviale, mais qui n'en est pas moins souvent méconnue.

Depuis long-temps on demande la liberté de la presse, et depuis long-temps on a l'air de l'accorder. Quand un enfant s'obstine à demander une pièce d'or, on lui donne un jeton qui en a l'apparence. Le peuple est un enfant qu'on abuse par le même artifice; mais cet enfant est souvent intraitable, et sa mutinerie est quelquefois terrible.

Si les Français ne trouvaient pas plus de bonne foi dans un gouvernement légitime, que dans cette suite de dominations diverses, qui se sont succédées avec tant de rapidité, mais en laissant des traces i profondes, ils s'accoutumeraient peut-être à le mettre au même rang, et on verrait ainsi s'évanouir cette vénération attachée au nom de nos Rois et fondée sur une hérédité de vertus. Qu'on se souvienne des funestes effets qu'avaient produits, parmi les amis de la liberté, la défiance qu'on avait semée avec tant de perfidie sur la franchise du Roi. Ceux qui ne connaissaient pas encore la noblesse de son cœur et la loyauté de son caractère, doutaient déjà de ses intentions libérales. Toutes ces alarmes se sont dissipées, dès qu'on l'a vu, par des actes solennels, montrer une volonté ferme et invariable.

Que les ministres imitent donc celui dont ils sont appelés à seconder les efforts pour constituer une monarchie libre. Qu'ils soient les instrumens de ses vertus, comme ils le sont de sa puissance! Ils ont déjà montré plus de bonne foi que ceux qui les ont précédés : il est de leur gloire et de leur intérêt que leurs successeurs ne méritent pas le même éloge.

Tous les bons Français voyent avec peine, que chaque année, on ajourne les bienfaits de la charte constitutionnelle. On veut s'en justifier, en alléguant les circonstances. Vaine excuse. Ce mot est si vague qu'il sera toujours bon à appliquer. C'est le lieu commun des ministres.

On invoquait aussi les circonstances en 1814 pour refuser la liberté de la presse ; et Dieu sait si jamais les circonstances furent plus favorables pour l'accorder ! Si, à cette époque, on avait su profiter de l'excellent esprit qui animait tous les citoyens, si la voix des Lanjuinais et des Raynouard avait été entendue, sans doute, les ministres du Roi auraient été mieux éclairés, et n'auraient pas appelé, par leurs fautes, le retour de celui que nous croyions ne plus revoir.

Souvent, en proposant une mesure, on s'autorise de circonstances que la crainte de cette mesure a fait naître. Les esprits sont inquiets, parce qu'on n'accorde pas ce qui a été promis, et on éloigne encore les effets de ces promesses. Plaisante manière de les rassurer !

L'ordonnance du 5 septembre avait calmé toutes les inquiétudes et dissipé toutes les défiances, en déclarant qu'il ne serait pas touché à la charte. Or, modifier un article de la constitution ou le rendre sans effet par une loi qui l'abroge ou en suspend l'exécution, c'est marcher au même but par des chemins différens ; et s'il y a pour le fonds quelque différence entre ces deux mesures, elle me semble à l'avantage de la première.

Si le temps et l'expérience démontraient le vice de quelque disposition de la charte, il faudrait sans doute la changer. Mais tant qu'elle existe, il faut l'exécuter telle qu'elle est, fût-elle encore plus vicieuse, par la raison qu'elle est dans la charte. Si on la suspend aujourd'hui, on peut la suspendre demain, on peut en suspendre une autre, et rendre ainsi illusoires tous les bienfaits que la charte nous garantit, ou plutôt nous promet, puisqu'enfin on tend à nous persuader qu'elle n'est pas une garantie.

Il faut donc donner à la France la liberté de la presse, telle que l'annonce la constitution, par cela seul qu'elle l'admet. Cette raison est la plus forte, puisqu'elle est seule suffisante pour renverser tous les argumens qu'on oppose à la liberté que nous demandons. Les raisons particulières qui combattent en sa faveur sont aussi bien puissantes, bien décisives. Le Roi en avait senti toute la force, lorsque, de son propre mouvement, il proclama de Saint-Ouen la liberté de la presse.

Mais toutes ces raisons ont été répétées dans tant d'écrits divers; elles s'appuyent sur des autorités si respectables, et elles furent exposées et développées avec une logique si éloquente par les rapporteurs qui, en 1814, défendirent la liberté de la presse avec tant de patriotisme, que nous n'avons pas la prétention d'ajouter nos raisonnemens aux leurs, ni l'intention d'emprunter leurs argumens de peur de les affaiblir.

Nous nous contenterons de résumer les écrits qui ont paru sur cette matière et les discussions qui ont eu lieu. Nous rangerons sous quatre chefs principaux les avantages attachés à la liberté de la presse, et nous tâcherons de montrer que l'indépendance des journaux est le complément nécessaire et la garantie de cette liberté.

AVANTAGES DE LA LIBERTÉ DE LA PRESSE.

1.° *Éclairer le Roi, les chambres et les ministres.*

Le Roi veut et doit être éclairé sur nos besoins. Il ne peut l'être par lui-même; il ne le sera jamais par les courtisans; le sera-t-il par les ministres? rarement : car il faut pour cela un courage et un désintéressement qui supposent beaucoup d'autres qualités qu'on ne doit pas s'attendre à trouver souvent réunies dans un même homme. D'ailleurs le ministère a besoin d'être éclairé lui-même. Un ministre est un petit roi qui aime à être flatté, et qui a aussi ses courtisans pour le satisfaire.

Les chambres, plus rapprochées du peuple, et se confondant même avec lui, sont à portée de voir ses besoins et d'entendre ses plaintes. Mais les pairs sont trop de la cour; et tel député qui part de son département avec la volonté de ne pas trahir la vérité, et de remplir toutes les obligations de son mandat, trouve en arrivant à Paris une faveur qui l'attendait, des ministres qui l'accablent de politesses, de brillans parleurs qui trompent sa crédule simplicité. Il est si difficile de résister à la séduction des honneurs, de ne pas croire à la bonne foi de ceux qui nous flattent, de ne pas faire le sacrifice de son opinion à ceux dont nous croyons les lumières supérieures aux nôtres, qu'on ne doit pas être étonné de voir tant de députés intègres entraînés dans la défection presque générale du côté des ministres. Les députés ne sont guère qu'au nombre de deux cents, ils peuvent accepter d'autres fonctions publiques; les hommes du gouvernement peuvent être élus à la chambre; tous ces vices de notre constitution sont bien suffisans pour assurer au ministère la majorité, qui est toujours, mais souvent à tort, regardée comme l'interprète de la voix publique. Non : la liberté de la presse ne peut pas, même à cet égard, servir de contre-poids à l'influence ministérielle.

Dès qu'il sera permis à tout Français de publier librement sa pensée, sans être obligé de la torturer pour la soustraire à la méfiante sagacité d'un censeur ou d'un agent de la police encore plus scrupuleux; dès que les méditations d'un sage pourront, affranchies de toute contrainte, devenir une propriété publique; alors chaque citoyen aura la faculté de participer en quelque sorte à la puissance législative. Souvent l'honneur d'une bonne loi est dû à un auteur ignoré dont l'écrit est parvenu jusqu'au cabinet du ministre, où lui-même n'aurait jamais pu pénétrer. Telle brochure éphémère peut contenir une vue profonde; et cette vue agrandie et développée par la méditation d'un homme d'état, amène une grande réforme ou une institution utile qui, en faisant la gloire du ministre, va faire naître dans l'ame du premier auteur une joie secrette qui enflamme son imagination pour le bonheur de la patrie. Chaque brochure politique est un germe de projet de loi, et la liberté de la presse peut être considérée comme une espèce d'initiative donnée à tous les citoyens. Qu'on nous accorde donc cette liberté que tant de vœux appellent, et nous n'envierons plus aux anciens leur tribune aux harangues.

2.° *Assurer la responsabilité des ministres.*

Si la responsabilité des ministres pouvait exister sans la représentation nationale, et qu'il fallut opter entre ces deux avantages, il n'y aurait pas à balancer. Si on pouvait combiner, et surtout mettre en pratique un système parfait de responsabilité, on aurait le meilleur des gouvernemens. Alors la loi serait vraiment souveraine, et la liberté publique, qui n'est autre chose que l'obéissance aux lois, mais aux lois seules, serait établie sur des fondemens solides. Mais ne nous flattons pas d'un espoir chimérique. Quelle que puisse être la loi qui réglera la responsabilité, les ministres seront rarement atteints. J'ose dire qu'ils ne le seraient jamais sans la liberté de la presse.

La chambre des députés peut décréter d'accusation les ministres du Roi. Mais quel membre osera les dénoncer le premier? qui osera se charger à lui seul de toute la haine du ministère? Il faut auparavant que l'opinion publique, manifestée par des écrits courageux, ait signalé aux représentans de la nation le ministre infidèle ou prévaricateur. Alors seulement un député osera braver la vengeance d'un ministre, et peut-être encourir la disgrâce du monarque, en se rendant l'organe de la voix publique. Un ministre est un athlète qu'on attaque rarement sans être sûr de le terrasser,

Le grand nombre de grâces dont les ministres sont les dispensateurs, le petit nombre des députés et la faculté qu'ils ont d'accepter des places, le pouvoir laissé au Roi, et partant au ministère, de dissoudre la chambre et d'arrêter ainsi toute accusation; que de moyens d'impunité pour le ministre coupable! Si le public, qu'on ne gagne jamais et qu'on ne trompe pas long-temps, était privé du droit de se plaindre et d'être le premier accusateur, d'une part le silence forcé des citoyens, et de l'autre le silence prudent des députés, laisseraient au ministre une sécurité funeste à la chose publique.

Un ministre doit être non-seulement responsable de ce qu'il fait, mais aussi de ce qu'il ne fait pas. Il doit répondre de l'inexécution des lois et des abus qu'il n'a pas arrêtés. Mais si les citoyens n'ont pas le droit de dénoncer ces abus, et que le ministre les tolère par intérêt, par négligence ou par faiblesse, qui en sera instruit que ceux qui en souffrent? comment seront-ils réprimés?

3.° *Garantie des droits publics.*

La charte détermine nos droits publics. Leur garantie n'est que dans la responsabilité des ministres; elle en est le corollaire. Que devient la liberté individuelle, si un ministre peut arbitrairement faire arrêter un citoyen, sans craindre qu'il lui en soit demandé compte? Et qui pourra lui en demander compte? Les chambres peut-être? Mais les chambres ne sont pas toujours assemblées; et d'ailleurs dès qu'une fois la majorité sera gagnée, l'ordre du jour ou un insignifiant renvoi au ministre sera la réponse qui portera le désespoir dans le cachot du malheureux qui a osé se plaindre. Si la police l'a fait arrêter, se plaindra-t-il au ministre de la justice? Mais un ministre n'en dénonce pas un autre. Voudraient-ils se gêner mutuellement? Non sans doute : ils n'ont pas oublié un vieil adage.

Je veux croire pourtant qu'une juste réclamation aux chambres sera suivie d'une prompte justice. Qu'en résultera-t-il? Que l'ouverture des chambres sera aussi celle des prisons, et que les citoyens ne pourront compter sur leur liberté que pendant trois mois de l'année.

Je sais qu'une loi sur la responsabilité des ministres, bien faite, et surtout bien exécutée, préviendrait la plupart des abus d'autorité. Mais pouvons-nous compter là-dessus? Cette loi sera toujours insuffisante ou même sans effet, tant qu'elle ne précisera pas le délit et la peine. Prononcez la destitution, sans miséricorde, contre l'agent de l'autorité coupable d'une arrestation arbitraire; et on y regardera à deux fois avant d'attenter à la liberté d'un citoyen. *Omnes, citrà spem continuandæ licentiæ, justis regendi artibus assuescant* (1).

Admettons donc une hypothèse, qui ne sera que

(1) Grotius, de rebus Belg. annal., lib. V.

trop souvent une réalité. Supposons que le ministre ne veuille pas reconnaître ni réparer ses injustices, ou celles de ses agens, et que les chambres n'osent pas les voir, de peur d'être obligées de les montrer. A quel protecteur se recommandera l'innocence opprimée et sans appui ? Elle a pour elle un juge impartial et incorruptible, dont les arrêts sont tôt ou tard exécutés. Ce juge, c'est l'opinion. Mais il faut pouvoir l'éclairer ; et quel moyen d'y parvenir, si la presse est soumise à l'autorité d'un ministre ? Quelle serait la justice d'un tribunal où la défense de l'accusé, pour être entendue, devrait d'abord avoir été soumise à l'approbation de l'accusateur ?

Ce qu'on dit ici de la liberté individuelle s'applique naturellement à tous les autres droits des citoyens. L'égalité et la propriété seront assurées quand la liberté le sera.

On a vu, sous le règne de la charte, des préfets n'admettre que la noblesse dans leur petite cour, et exclure le plébéiens des places municipales, par-tout où des nobles pouvaient les remplir. Dans d'autres temps, une décision du préfet a quelquefois suffi pour dépouiller des communes de leur propriété. Pourquoi les mêmes abus ne renaîtraient-ils pas, s'il n'est pas permis de les faire connaître ?

On répondra que, sous un Roi ami du peuple, les torts, une fois connus, ne peuvent plus se renouveler. Est-ce là une raison pour ne pas les prévenir par de sages lois ? Toutes les fois qu'il s'agit du bonheur des peuples, c'est la plus grande des fautes que de s'en reposer sur la sagesse de celui qui gouverne. Je vais plus loin : s'il est une occasion où la défiance soit mère de la sûreté, c'est assurément dans les discussions des chambres. On peut croire qu'un ministre a toujours des intentions pures. Mais le pair et le député doivent agir et parler avec la présomption du contraire. Règle générale : Quand on porte une loi, il faut faire abstraction du Roi régnant; en la discutant, les législateurs devraient avoir devant les yeux l'image d'un mauvais prince, et jamais celle de Louis XVIII.

Que dirons-nous du droit de pétition, de ce droit si essentiel à tout gouvernement représentatif? On en ressent déjà les heureux effets; déjà aussi on en abuse. Mais qu'importe? personne n'en souffre. C'est le seul abus qu'il faille tolérer. Celui-là est bien innocent.

Toutefois la corruption des chambres qu'il ne faut pas craindre, mais qui est dans les possibles (et l'exemple du parlement anglais le prouve) pourrait rendre vain ce beau droit de pétition. Qu'il soit donc permis au plaignant de faire entendre sa voix à ses concitoyens. Qu'il puisse appeler aux commettans du jugement des mandataires. Car enfin il faut bien que les représentans aient aussi leur responsabilité. Cette responsabilité, qui ne peut être que morale, c'est le jugement du peuple et celui de la postérité.

4.° *Influence sur la littérature ; progrès de la science politique et de l'esprit public.*

Galilée fut réduit à se mettre à genoux devant d'infâmes inquisiteurs et à demander pardon de son génie ; Descartes fut errant et persécuté ; le grand Arnault et le docte Bayle vécurent dans l'exil ; Lafontaine sollicita long-temps en vain la bienfaisance d'un grand monarque et les honneurs de l'académie ; le divin auteur de Télémaque fut banni d'une cour qu'offusquait la vérité ; Voltaire préluda à son immense renommée dans les prisons de la Bastille, et la main du bourreau brûla les sublimes pages d'Emile !

Ces persécutions si honteuses pour des nations civilisées ne sont plus à craindre désormais, nous dit-on. L'esprit philosophique a fait trop de progrès et les Rois sont trop éclairés pour que d'aussi révoltantes indignités puissent encore se renouveler. Je le désire, mais j'ose en douter. Le siècle des Médicis était-il un siècle de ténèbres ? Le beau règne de Louis XIV ne brille-t-il pas d'une éclatante lumière ? Et le dix-huitième siècle, où la philosophie envahit tout, avait-il plus de préjugés que nous ? On dira peut-être qu'à ces différentes époques, la masse du peuple était moins éclairée qu'aujourd'hui. Cela est vrai : mais est-ce le peuple qui abreuva ces grands hommes de tant de dégoûts ?

L'envie suscite assez de persécuteurs au génie sans lui en chercher de nouveaux. Rien ne doit asservir son indépendance ni comprimer ses généreux élans. Sans doute le parlement de France ne condamnera plus aux flammes l'ouvrage d'un grand-homme, parc qu'il choquera quelques idées reçues. Mais un Letellier peut entrer au ministère : mais la Sorbonne peut renaître et l'intolérance avec elle !

Il faut donc que, par de bonnes lois, la liberté de la pensée soit assurée à tous et pour toujours, afin qu'elle puisse arrêter des usurpations qui lui seraient funestes. Ces lois doivent enchaîner d'avance l'audace d'un ministre despotique et prévenir l'intolérance d'un corps adroit, qui est tout disposé à rentrer dans sa première puissance.

Depuis l'invention de l'imprimerie jusqu'au règne de Richelieu, la liberté d'écrire ne fut entravée que par la crainte des condamnations de la Sorbonne. Il n'existait pas encore en France de censure préalable. Si elle avait existé, les ouvrages de Rabelais et de Montaigne n'auraient pas été publiés. Si, à cette époque, les grands écrivains n'avaient pas manqué à la liberté de la presse, qui, plus tard, manqua aux grands écrivains, notre littérature, sans rien perdre de sa richesse, aurait sans doute pris un autre caractère, qui, en influant sur le gouvernement, aurait amené peu à peu des réformes utiles et prévenu sans doute cette grande catastrophe, qui fut la suite inévitable d'un changement trop subit.

A compter de la persécution de Descartes, qui marqua l'époque où il ne fut plus permis d'écrire sans privilége, jusqu'à la révolution, il s'écoula près de deux siècles pendant lesquels la censure royale et la censure ecclésiastique tourmentèrent plus ou moins les auteurs. Quels furent les effets de tant d'entraves ? Tel écrivain hardi, qui, sous la garantie des lois, aurait publié ses pensées avec une sage réserve, ne gardait plus de mesures dès qu'il se voyait obligé de recourir aux presses étrangères. Il arriva de là que tous ces livres, qui tendaient à bouleverser l'ordre social, se répandaient avec rapidité à la faveur de la persécution, et popularisaient les doctrines exagérées de la nouvelle philosophie.

Nous étions alors tributaires de la Hollande pour nos propres productions. Nous le redeviendrions encore si, par des lois à dessein incomplètes ou par des mesures arbitraires, on obligeait les esprits courageux à s'affranchir d'une tutèle importune. Celui qui écrit pour la postérité n'est pas pressé de jouir de sa gloire. Si son livre est fait pour le genre humain, peu importe dans quel pays il soit publié. S'il doit être connu plus tard dans la patrie de son auteur, il y rentrera précédé par sa renommée. L'approbation de l'Europe l'aura dispensé de celle d'un censeur.

Le commerce de librairie, que la Hollande fesait jadis à nos dépens, était assez considérable pour fixer l'attention des politiques. Les libraires de la Haye et d'Amsterdam spéculaient sur notre gloire et exploitaient, à leur bénéfice, nos richesses littéraires. Mais les choses n'en vont que mieux, quand l'honneur et le profit peuvent aller ensemble.

Je ne m'arrête pas à cet intérêt matériel, qui disparaît devant l'intérêt moral et politique. Ne perdons pas de vue l'avantage des lettres.

La littérature proprement dite gagnerait peu sans doute à la liberté entière de la presse; mais elle n'y perdrait rien. Les écrivains s'accoutumeraient insensiblement à je ne sais qu'elle noble franchise qui ferait le charme de leurs écrits. La littérature serait plus nationale, et toutes nos productions auraient ce goût du terroir qu'on aime tant à retrouver dans la littérature anglaise.

Mais quelle heureuse influence n'aurait pas la liberté de la presse sur l'histoire et la politique? C'est là qu'elle n'est plus utile mais nécessaire.

D'où vient que nous sommes si pauvres en historiens, malgré le nombre effrayant d'auteurs qui ont écrit l'histoire? Qui opposerons-nous à Thucydide et à Xenophon, à Tite Live et à Tacite, à Hume et à Robertson? Nous avons Bossuet. Mais Bossuet lui-même dépose en notre faveur. Ce puissant génie, qui entra si avant dans la politique des Romains, craignit d'entreprendre l'histoire de son pays où il n'aurait osé montrer ni la même hardiesse ni la même profondeur. Dans une monarchie héréditaire, il faut du courage et des lois protectrices pour dire toute la vérité, en écrivant l'histoire de la maison régnante. Si Tacite avait écrit sous les descendans de Tibère et de Néron, que de belles mais tristes pages manqueraient à ses annales !

L'histoire et la politique ont entre elles les rapports les plus intimes. Si la politique aide l'histoire, celle-ci fournit à la politique ses matériaux et ses documens. Quoique la science du gouvernement ait fait les plus grands progrès parmi nous, il est vrai de dire que nous en avons peu profité, et que les Français sont encore des enfans en politique. Mais ces enfans peuvent devenir des hommes, car ils veulent s'instruire de bonne foi. Il ne leur manque que des maîtres pour les former, ou plutôt les maîtres ne manqueraient pas s'il leur était permis de parler.

Depuis quelques années les théories politiques sont devenues les alimens éternels de nos conversations. Le mal n'est pas si grand qu'on veut bien le dire. A force de parler, d'entendre et de discuter, on parvient enfin à s'éclairer. Cette mode de politique, qui paraît d'abord aussi ridicule que beaucoup d'autres, peut, en recevant une bonne direction, se transformer en esprit public, et l'esprit public est l'ame des gouvernemens constitutionnels. On s'occupe peu du gouvernement à Constantinople et à Madrid : on s'en occupait beaucoup dans les réunions d'Athènes et de Rome ; et si les cafés de Londres cessaient un moment de retentir des accusations contre le ministère et des parodies du parlement, la liberté publique serait bientôt négligée par le peuple et enchaînée par les ministres. Donnez à vos institutions les mœurs et les habitudes pour appui, et vous pourrez répondre de leur durée.

LIBERTÉ DES JOURNAUX.

La constitution de l'an XII, en établissant, dans le sénat, une commission de la liberté de la presse, n'avait pas compris dans ses attributions les ouvrages périodiques. La précaution était bonne : on en a vu les résultats. Sans cette malheureuse restriction, les journaux auraient peut-être exercé une influence assez puissante pour prévenir, ou du moins adoucir ce despotisme qui écrasa la France. C'est alors qu'on a perfectionné l'art de *travailler* l'opinion, et c'est surtout par les journaux qu'on y a réussi.

Si cet instrument a été si efficace pour détruire l'esprit public, il doit l'être aussi pour le former. On ne lit guère les brochures qu'à Paris : on lit les journaux dans tous les villages. L'amonr de la charte et les grands principes de droit public ne deviendront populaires que par l'intermédiaire des feuilles périodiques. Aujourd'hui les journaux ne nous entretiennent que de la charte, parce que les ministres l'aiment et veulent la suivre. Mais que l'esprit du ministère vienne à changer ; il sera peu question de cette même charte, si les feuilles publiques restent sous la férule de la police. Dans les dernières années du règne de Napoléon, les Français ignoraient qu'ils eussent une constitution. On n'en rappelait l'existence que pour annoncer ses violations. En Angleterre, on lit, deux fois par an, la grande charte au peuple dans les églises cathédrales. On obtient ainsi le double avantage de rappeler d'une manière solennelle leurs droits aux citoyens, et de les accoutumer à regarder, en quelque sorte, la loi fondamentale comme un second évangile. On ne saurait entourer de trop de respect la loi qui fixe les droits de tous, et sur laquelle reposent les destins de la patrie.

Cet usage si sagement établi en Angleterre n'est pas nouveau. On le retrouve chez la plupart des peuples libres. Les législateurs de l'antiquité avaient pensé qu'il fallait rendre à la loi une espèce de culte religieux, persuadés qu'elle était l'expression de la volonté des dieux, autant que la sagesse humaine pouvait l'interpréter. Une loi de Charondas ordonnait à tous les citoyens d'apprendre par cœur la déclaration des devoirs placée en tête de ses lois, et elle était récitée dans les temples après les hymnes des dieux. Solon avait mis ses lois en vers pour les graver plus facilement dans la mémoire des Athéniens. A Rome les tables des lois étaient toujours exposées aux yeux du peuple; et personne n'ignore que, chez les juifs, c'était pour tous une obligation sacrée de transcrire, une fois dans leur vie, les lois de Moyse. Pourquoi les ministres de la religion ne liraient-ils pas la charte au peuple, le 4 juin de chaque année, comme ils lisent, le 21 janvier, le testament du Roi martyr?

L'assemblée constituante avait senti la nécessité de faire entrer l'étude des lois constitutives dans l'éducation de la jeunesse française. On peut voir, à ce sujet, le plan d'instruction publique, présenté à cette assemblée par M. de Talleyrand. Alors on voulait que la connaissance des lois fondamentales servît de base à l'éducation des jeunes citoyens. Aujourd'hui, on ne voit pas dans toute la France une seule chaire de droit public.

Il faut suppléer de quelque manière à ces moyens d'instruction qui nous manquent. Nous ne prétendons pas que les journaux seuls puissent remplir ce vide. Mais du moins ils contribueront puissamment à notre éducation politique. En défendant les droits du peuple, ils lui apprendront à connaître ses devoirs, qui en sont inséparables.

C'est un plaisant projet, nous dira-t-on peut-être, que de vouloir faire des journalistes les instituteurs du peuple. Je sais qu'une idée de défaveur est attachée à ce nom, et que souvent elle n'a été que trop méritée. Mais d'où vient ce discrédit? N'est-ce pas de l'influence funeste que la police s'est toujours ménagée sur les ouvrages périodiques? Elle a presque toujours acheté les talens serviles, et réduit au silence les esprits fiers et indépendans.

Il fut un temps où nos écrivains les plus recommandables ne dédaignaient pas de descendre dans cette arêne littéraire. En consacrant quelques veilles à ces travaux, ils offraient des pages éloquentes et de généreux sentimens à l'instruction d'une immensité de lecteurs qui ne lisent pas les gros volumes, et, en négligeant un moment leur gloire, ils agrandissaient leur renommée. Les noms des Fontanes, des Lally-Tollendal, des Bonald, des Châteaubriand, etc. étaient assez beaux pour donner quelque crédit à ces feuilles quotidiennes ou hebdomadaires dont le double but doit être de défendre la littérature des irruptions de la barbarie, et la société politique des invasions du despotisme. Les noms de ces écrivains, et d'autres non moins honorables, reparaissent quelquefois dans ces feuilles d'où ils s'étaient exilés pour se dérober à la contagion de la servitude. Si une fois les journaux ne sont plus assujétis à une gêne décourageante, ils ne seront plus le domaine presque exclusif de tant de plumes vénales, et ils obtiendront dès-lors la confiance publique, parce qu'ils la mériteront. Le gouvernement y gagnera plus que personne, parce que les écrits, qui tendront à élever le patriotisme, à ranimer l'amour du monarque et du bien public, ne seront plus regardés comme des articles de *commande* qui n'ont de prix que pour l'auteur qui les vend, et pour le ministre qui les achète.

Laissez les journaux sous l'autorité ministérielle, que d'inconvéniens n'en résultera-t-il pas ? La chambre des députés sera privée, en quelque sorte, de la publicité de ses discussions, parce que les journaux, par des analyses infidèles, n'annonceront au public que ce qu'il plaira au ministre de lui faire connaître. J'en dis autant de l'instruction des procès criminels. L'innocent se présentera avec plus d'assurance devant les ministres des lois, lorsqu'il saura que la France entière jugera ses juges. Si les journaux avaient été libres avant la révolution, peut-être le malheureux Calas n'aurait pas expiré sur la roue; peut-être le noble pair qui a toujours défendu les libertés nationales avec tant de désintéressement, n'aurait pas été réduit à venger la mémoire d'un père victime d'un jugement inique.

Enfin, sans l'indépendance des feuilles publiques, les abus d'autorité et les destitutions arbitraires, toutes les injustices des agens du pouvoir seront dérobées à la connaissance du public, et la liberté de la presse sera presque sans utilité, parce qu'elle ne sera pas entière. Toutes les fois qu'un ouvrage dénoncera des abus, attaquera un ministre, proposera des réformes ou énoncera des principes qui auront le malheur de déplaire, la police lancera contre lui tous les journalistes qu'elle aura à sa dévotion, et le malheureux auteur n'en trouvera aucun qui ose le défendre.

Outre tous ces inconvéniens que nous ne faisons qu'indiquer et d'autres que nous passons sous silence, il en est un bien remarquable, et qui n'a pas échappé au judicieux rapporteur de 1814. Quelle influence n'exercera pas sur les autres ministres celui d'entre eux qui aura les journaux dans ses attributions? Si la désunion se met dans le ministère, l'un des deux partis sera bientôt abattu, parce qu'il sera facile à l'autre de soulever contre lui l'opinion, en l'égarant avec adresse. C'est aujourd'hui le ministre de la police qui a dans son département la librairie et les journaux. Ses attributions étaient déjà assez redoutables. Le ministre actuel a sans doute mérité la confiance publique, par la modération avec laquelle il a usé du pouvoir effrayant dont l'avait investi une loi peut-être imprudente. Mais tous ses successeurs lui ressembleront-ils ?

Telle est la condition des choses humaines. Le mal est toujours placé à côté du bien, et l'abus naît toujours de l'usage. Sans doute on abusera de la liberté des journaux; mais on a bien abusé de la censure. Or, abus pour abus, j'aime autant l'abus du bien que celui du mal.

Mais n'a-t-on pas trop exagéré les excès que pourrait se permettre l'audace d'un folliculaire avide ou passionné? et ne trouverait-on pas aisément les moyens de les réprimer? Un moyen bien simple, ce me semble, serait d'exiger un fort cautionnement des entrepreneurs d'un journal. Une responsabilité pécuniaire est aujourd'hui, à la honte du siècle, bien plus rassurante qu'une responsabilité morale. Mais, de tous les moyens, le plus efficace serait de remplir, par de sages dispositions, les lacunes du code pénal. Quoiqu'on en puisse dire, il serait plus facile au ministre de rédiger un bonne loi de répression, que de trouver de bonnes raisons pour s'en dispenser.

Lorsque des châtimens justes et sévères menaceront la calomnie et l'esprit de faction, les journalistes, rendus prudens par leur propre péril, reconnaîtront qu'il est un point où la hardiesse cesse d'être piquante et n'est plus que dangereuse. Comme la vérité sera à l'abri de toute crainte, elle se reconciliera avec les journaux et en chassera peu à peu le mensonge pour y régner à sa place. Si quelquefois elle prend des formes un peu dures, la politesse française en fera justice; et si les ministres doivent se trouver exposés à d'injurieuses déclamations, ils sauront bien prendre leur revanche, dans les journaux qu'ils auront à leurs gages.

CONCLUSION.

Que demandons-nous aux ministres et aux chambres? Ce n'est pas une concession. C'est l'exercice d'un droit qui existait avant la charte, et que la charte a sanctionné; d'un droit utile au prince et au peuple, parce que, laissant aux citoyens la faculté de faire entendre leurs plaintes, il donne au Roi le moyen de prévenir leurs murmures; d'un droit, qui, en sauvant les sujets de l'oppression, assure la stabilité du trône; d'un droit enfin, qui est la sauve-garde de tous les autres droits, et auquel on ne peut plus longtemps porter atteinte, sans compromettre nos institutions fondamentales. Une violation en amène toujours une autre; il faut prévenir la première, ou les autres ne rencontreront plus d'obstacles. Si on ressuscite, sous une autre forme, les sénatus-consultes *organiques*, c'en est fait de la liberté; elle périra avec la charte constitutionnelle.

On ne peut se le dissimuler. La charte a des ennemis puissans dont il serait facile et prudent de détruire l'influence au lieu de l'accroître par des mesures impolitiques. Les projets de lois qui vont être discutés, leur offrent une belle occasion de se rendre populaires. Ils en profiteront sans doute ; ils se proclameront les défenseurs de cette charte qu'ils n'embrassent que pour l'étouffer. Le ministère leur a donné des armes contre lui-même ; il a oublié que, pour décréditer ce parti dangereux, il fallait l'isoler du peuple.

Si maintenant la faveur publique allait s'attacher à ces ennemis de la liberté. Si un jour l'opposition entrait dans le ministère, et que, tournant à son avantage les lois qui restreignent la liberté de la presse, elle parvînt à pervertir l'opinion publique ; quels reproches les ministres actuels n'auraient-ils pas à se faire, d'avoir laissé à leurs successeurs un instrument si redoutable? Que deviendrait la charte constitutionnelle? Ah! c'est alors que les partisans intéressés de vos vieilles institutions maitriseraient la représentation nationale. C'est alors que les droits du peuple seraient confiés à des hommes, qui ne veulent de droits que pour eux, et qu'enfin la superbe aristocratie écraserait la liberté naissante.

De l'Imprimerie de PLASSAN, rue de Vaugirard, n.° 15.

www.ingramcontent.com/pod-product-compliance
Ingram Content Group UK Ltd.
Pitfield, Milton Keynes, MK11 3LW, UK
UKHW031057260726
13965UKWH00006B/1797

9 782012 991880